Savais-tu?

Les Homards

Données de catalogage avant publication (Canada)

Bergeron, Alain M., 1957-

Les homards

(Savais-tu? ; 17)
Pour enfants de 7 ans et plus.

ISBN 2-89435-240-9

1. Homards - Ouvrages pour la jeunesse.   2. Homards - Ouvrages illustrés. I. Quintin, Michel . II. Sampar. III. Titre. IV. Collection : Bergeron, Alain M., 1957- . Savais-tu? ; 17.

QL444.M33B47 2004   j595.3'84   C2003-941052-8

Révision linguistique : Maurice Poirier

 Le Conseil des Arts du Canada
The Canada Council for the Arts   SODEC Québec⁞⁞   Patrimoine   Canadian
canadien   Heritage

La publication de cet ouvrage a été réalisée grâce au soutien financier du Conseil des Arts du Canada et de la SODEC. De plus, les Éditions Michel Quintin bénéficient de l'aide financière du gouvernement du Canada par l'entremise du Programme d'aide au développement de l'industrie de l'édition (PADIÉ) pour leurs activités d'édition.

Gouvernement du Québec – Programme de crédit d'impôt pour l'édition de livres – Gestion SODEC

ISBN 2-89435-240-9
ISBN 978-2-89435-240-3
Dépôt légal - Bibliothèque et Archives nationales du Québec, 2004
Dépôt légal - Bibliothèque et Archives Canada, 2004

Éditions Michel Quintin
C.P. 340, Waterloo (Québec)
Canada J0E 2N0
Tél.:   450-539-3774
Téléc.: 450-539-4905
www.editionsmichelquintin.ca

06 - M L - 2

Imprimé au Canada

Savais-tu?

Les Homards

Alain M. Bergeron
Michel Quintin
Sampar

Illustrations de Sampar

ÉDITIONS
MICHEL
QUINTIN

POUR QUI IL SE PREND, CELUI-LÀ ?
SA MAJESTÉ WILLIAM XV ROI DES CRUSTACÉS
IL SE PREND AU SÉRIEUX, EN TOUTCAS ...

Savais-tu que le homard est considéré par beaucoup comme le roi des crustacés? Il vit sur les fonds marins, dans des anfractuosités rocheuses ou dans des terriers.

Savais-tu que les homards creusent généralement leur terrier sous un rocher? Leur abri possède, le plus souvent,

une ouverture principale qui sert de poste de guet et une sortie de secours.

Savais-tu que le homard se déplace habituellement en marchant? Mais, s'il a besoin de s'enfuir très vite, il se

propulse vers l'arrière en rabattant rapidement sa queue sous lui.

Savais-tu que le homard possède 5 paires de pattes? La première est en fait une paire de pinces redoutables qui lui servent pour l'attaque comme pour la défense.

Savais-tu que chacune de ses pinces a une utilité propre?
La pince coupante ou « ciseau » est effilée et sert à
couper les proies, tandis que la pince broyeuse ou

« marteau », plus courte et beaucoup plus épaisse, sert entre autres à broyer les carapaces et les coquilles.

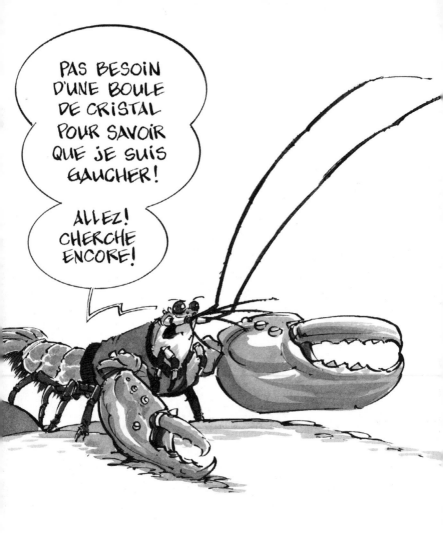

Savais-tu que, tout comme nous, il y a des homards qui sont droitiers et d'autres qui sont gauchers? Selon l'endroit où se trouve sa pince broyeuse, le homard sera droitier ou gaucher.

Savais-tu que le homard est nocturne? C'est à la tombée de la nuit qu'il quitte son terrier à la recherche de nourriture.

Savais-tu que le homard possède des récepteurs chimiques sur ses antennes? Ceux-ci le renseignent

sur la nature et la proximité de ses proies, de ses ennemis ou de ses semblables.

Savais-tu que les poils tactiles de ses antennes, ses pinces et ses pattes lui fournissent des tas d'informations sur son environnement?

Savais-tu que les homards sont carnivores? Ils se nourrissent d'invertébrés (crabes, moules, vers, oursins, etc.), et de poissons. Ce sont aussi des charognards.

Savais-tu que le homard est un animal solitaire? Très agressif envers ses congénères, il défend farouchement son territoire. Il peut même être cannibale.

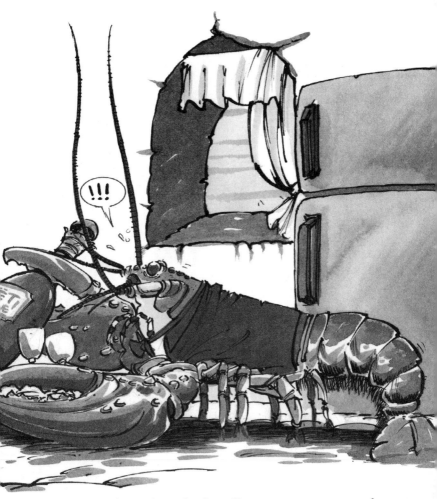

Savais-tu que le mâle et la femelle peuvent partager le même terrier pendant quelques jours seulement lors de la période des amours?

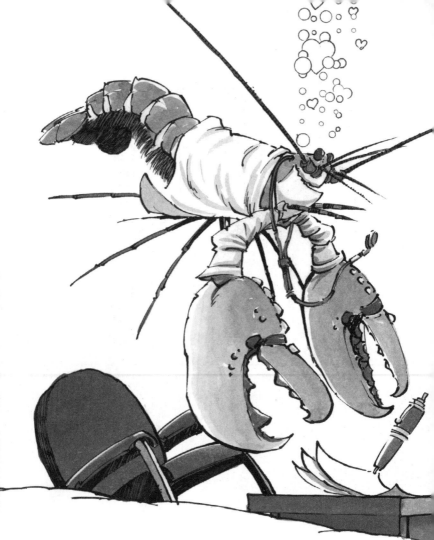

Savais-tu que, pendant la saison des amours, les femelles rejettent des phéromones sexuelles dans l'eau pour inciter les mâles à leur faire la cour?

Savais-tu que la femelle pondra ses œufs environ un an après l'accouplement?

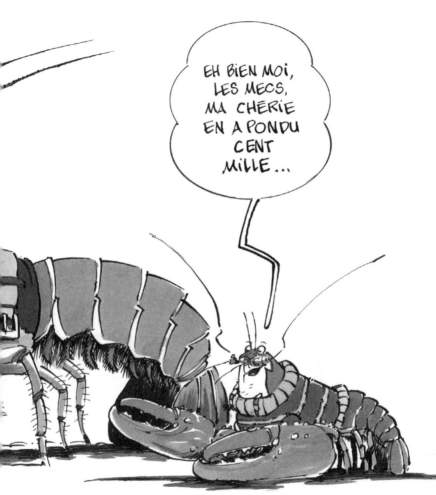

Savais-tu que, selon la taille de la femelle, le nombre d'œufs pondus pourra varier de 3 000 à 100 000 œufs?

Savais-tu qu'après la ponte, les œufs sont portés par la femelle jusqu'à l'éclosion? Ceux-ci restent collés sous elle de 9 à 11 mois.

Savais-tu qu'un grand nombre d'œufs se détacheront lors des déplacements de la femelle? Ils seront aussitôt mangés par des poissons.

Savais-tu que, des œufs, émergent des larves tout à fait différentes de l'animal adulte? Elles ressemblent en fait à de minuscules crevettes.

Savais-tu que les larves se nourrissent de plancton?
Aussi, tout comme les œufs, plusieurs d'entres elles

serviront de repas aux poissons, leur principal prédateur
durant ce cycle de vie.

Savais-tu que, sur 10 000 œufs pondus, une dizaine seulement atteindront l'âge de un mois?

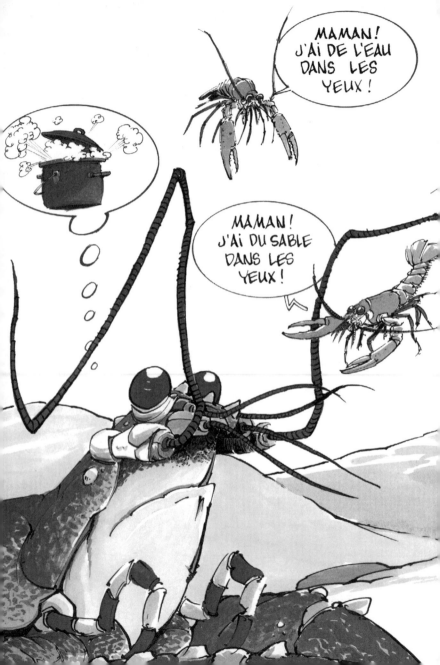

Savais-tu que, vers l'âge de 6 semaines, les larves se transforment en homards miniatures? Ils vivront dorénavant sur les fonds marins.

Savais-tu que la couleur de sa carapace se confond facilement avec les fonds sous-marins où il vit?

Habituellement vert foncé, sa couleur peut être bleue ou orange selon son habitat.

Savais-tu que, pour grandir, le homard doit se débarrasser régulièrement de sa carapace rigide devenue trop étroite?

Savais-tu que, pendant la mue et immédiatement après celle-ci, le homard est sans défense? Ainsi privé de son ancienne carapace protectrice, il est très vulnérable.

Pour échapper aux prédateurs, il devra donc se cacher jusqu'à la constitution définitive de sa nouvelle enveloppe.

Savais-tu que le homard mue toute sa vie? Il muera une dizaine de fois au cours de sa première année, et ensuite, à un rythme moins rapide à mesure qu'il vieillira.

Savais-tu qu'après la mue, le homard dévore les vestiges de son ancienne carapace?

Savais-tu qu'en dehors des périodes de mue, le homard adulte a peu de prédateurs, à part l'homme?

Savais-tu qu'un homard peut vivre plus de 50 ans?

Savais-tu qu'on a déjà pêché un homard pesant 22 kilogrammes et mesurant 1,10 mètre, du bout de la queue à l'extrémité de la grosse pince?